Als de wereld een dorp was

Een boek over de mensen op aarde

Als de wereld een dorp was

Een boek over de mensen op aarde

Geschreven door David J. Smith

Getekend door Shelagh Armstrong

Biblion Uitgeverij

Dankwoord

Zonder de inzet, hulp en het vertrouwen van velen had dit boek nooit kunnen worden gepubliceerd. Jill Kneerim en Paulette Kaufmann wisten het al in 1992 op waarde te schatten. Mijn literair agent, Barbara Bruce Williams, heeft mij op onschatbare wijze ondersteund. Mijn redacteur, Val Wyatt, heeft zich onvermoeibaar door 14 versies van het manuscript heen gewerkt, zonder de hoop te verliezen dat we de juiste combinaties zouden weten te vinden. En Pat Wolfe verdient een bijzondere vermelding voor alles wat zij heeft gedaan. Maar bovenal is dit boek voor Suzanne, mijn zonnetje en bella luna, omdat zij er altijd in is blijven geloven.

Noot van Biblion Uitgeverij

Dit boek verschijnt begin 2005. Daarom is het getal 100 voor 2004 genomen en niet, zoals in de oorspronkelijke uitgave voor 2002. De groeicijfers op p. 27 zijn daaraan aangepast.

Eerste uitgave in 2002 door Kids Can Press, Toronto, Canada.
Tekst © 2002 David J. Smith
Illustraties © 2002 Shelagh Armstrong
Ontwerp cover: Marie Bartholomew
Redactie: Valerie Wyatt
Vertaling: Willeke Lempens / Woordwerk
Opmaak Nederlandse editie: Interlink-groep, Oud-Beijerland

De illustraties in dit boek zijn geschilderd met acrylverf.
De tekst is gezet in Bodoni.

ISBN 90 5483 589 3

51028

NUR 232/258

Inhoud

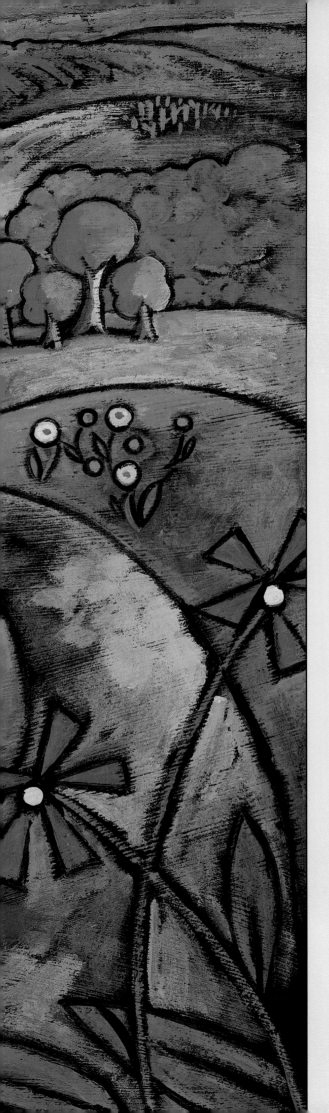

Welkom in het werelddorp

De aarde is een dichtbevolkte plek, waar het steeds drukker wordt. Op 1 januari 2002 telde de wereldbevolking zes miljard tweehonderd miljoen mensen (6.200.000.000). Er zijn 23 landen met meer dan vijftig miljoen inwoners (50.000.000), in 10 landen wonen meer dan honderd miljoen mensen (100.000.000) en in China wonen er zelfs bijna één miljard driehonderd miljoen (1.300.000.000).

Zulke grote getallen zijn erg moeilijk te bevatten. Maar als we de wereld nu eens voorstelden als een dorp met slechts 100 inwoners? In dit fantasiedorp zou iedere inwoner dan staan voor ongeveer 62 miljoen mensen (62.000.000) uit de echte wereld.

Honderd mensen passen goed in een klein dorp. Door te lezen over deze dorpelingen - wie ze zijn, hoe ze leven - komen wij ook meer te weten over onze medemensen in de echte wereld en de problemen waar onze planeet wellicht mee te maken krijgt.

Klaar om het werelddorp te betreden? Loop dan de berg af en open het hek. Een nieuwe dag verjaagt net de schaduwen van de nacht, de geur van brandend hout hangt in de lucht, een baby wordt wakker en begint te huilen.

Kom kennismaken met de mensen van het werelddorp!

Nationaliteiten

Het dorp komt langzaam tot leven, klaar voor weer een nieuwe dag. Wie zijn de mensen van het werelddorp? Waar komen ze vandaan?

Van de 100 inwoners van het werelddorp komen er:

61 uit Azië
13 uit Afrika
12 uit Europa
 8 uit Zuid-Amerika, Midden-Amerika (inclusief Mexico) en het Caraïbisch gebied
 5 uit Canada en de Verenigde Staten
 1 uit Oceanië (Australië, Nieuw-Zeeland en de eilanden in de Grote Oceaan)

Meer dan de helft van de inwoners van het werelddorp komt uit de 10 dichtstbevolkte landen:

21 uit China
17 uit India
 5 uit de Verenigde Staten
 4 uit Indonesië
 3 uit Brazilië
 3 uit Pakistan
 2 uit Rusland
 2 uit Bangladesh
 2 uit Japan
 2 uit Nigeria

Talen

'Ni hao ma?' 'Hello!' 'Namaste!'
'Zdrazvoejtje.' '¡Hola!' 'Ahlan.'
'Selamat pagi.' De dorpelingen
begroeten elkaar in een ware
spraakverwarring van talen.
Welke talen spreken de inwoners
van het werelddorp?

Het werelddorp kent tegen de
6000 talen, maar ruim de helft
van de inwoners spreekt er één
van deze 8:

22 mensen spreken een Chinese
    streektaal (waarvan
    18 Mandarijnen-Chinees)
9   spreken er Engels
8   spreken er Hindi
7   spreken er Spaans
4   spreken er Arabisch
4   spreken er Bengaals
3   spreken er Portugees
3   spreken er Russisch

Als je in al deze talen 'hallo' kunt
zeggen, kun je dus meer dan de
helft van de inwoners van het
dorp begroeten.

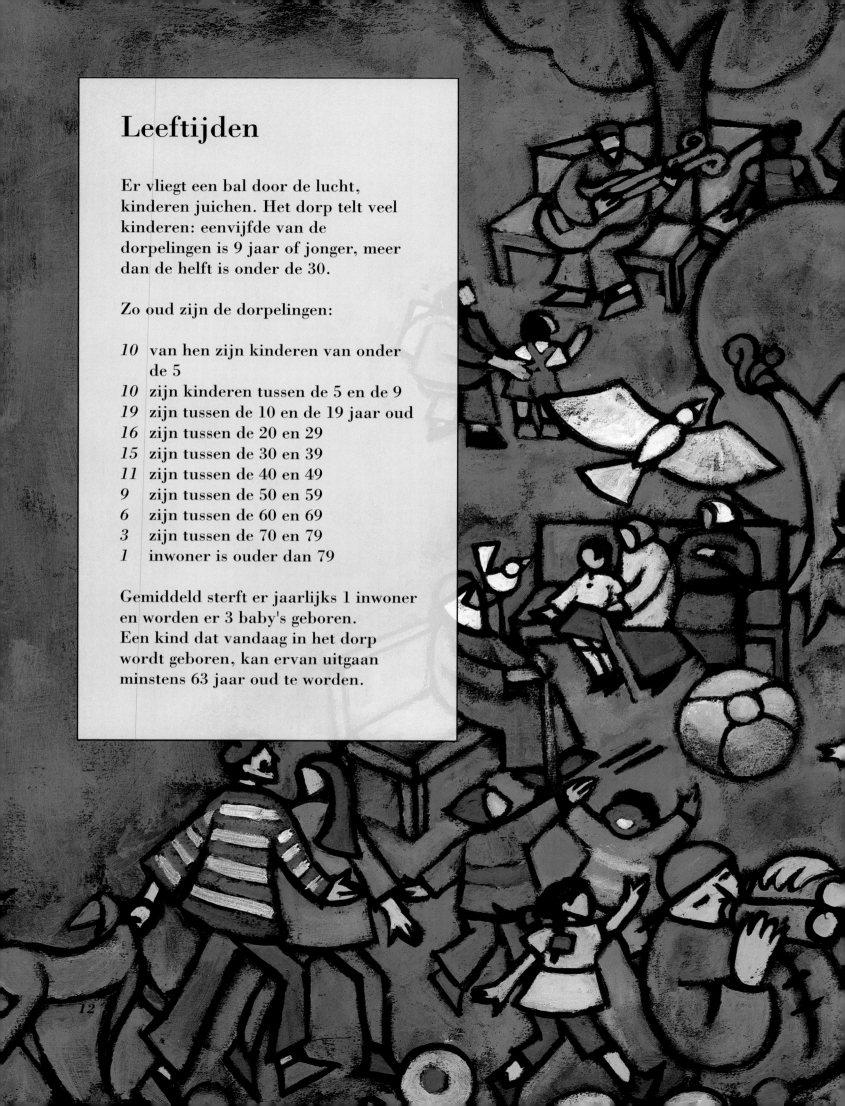

Leeftijden

Er vliegt een bal door de lucht, kinderen juichen. Het dorp telt veel kinderen: eenvijfde van de dorpelingen is 9 jaar of jonger, meer dan de helft is onder de 30.

Zo oud zijn de dorpelingen:

10 van hen zijn kinderen van onder de 5
10 zijn kinderen tussen de 5 en de 9
19 zijn tussen de 10 en de 19 jaar oud
16 zijn tussen de 20 en 29
15 zijn tussen de 30 en 39
11 zijn tussen de 40 en 49
9 zijn tussen de 50 en 59
6 zijn tussen de 60 en 69
3 zijn tussen de 70 en 79
1 inwoner is ouder dan 79

Gemiddeld sterft er jaarlijks 1 inwoner en worden er 3 baby's geboren. Een kind dat vandaag in het dorp wordt geboren, kan ervan uitgaan minstens 63 jaar oud te worden.

Godsdiensten

Er luidt een klok in een kerk, in een tempel klinkt een houten gong, een moëddzin gaat vanaf de minaret van een moskee voor in het gebed.
De dorpelingen worden opgeroepen zich met hun geloof bezig te houden.

Welke godsdiensten hebben de mensen van het dorp?

In ons dorp met 100 inwoners leven:

32   christenen
19   moslims
13   hindoes
12   mensen die zich bezighouden met sjamanisme, animisme of een ander oud geloof
6   boeddhisten
2   mensen die behoren tot een andere wereldgodsdienst (zoals bahaïsme, confucianisme shintoïsme, sikhisme of jainisme)
1   iemand die joods is
15   mensen die niet gelovig zijn

Eten

Je wordt naderbij gelokt door
de geuren en geluiden van de markt.
In de kramen liggen versgebakken
brood, groente, tofoe en rijst.
Kippen kakelen, eenden kwaken en
in een weitje vlakbij loeit een koe.

De dorpelingen hebben veel dieren.
Deze helpen bij het maken van eten
of zijn zelf een voedselbron.

In het dorp bevinden zich:

- 31 schapen en geiten
- 23 koeien, stieren en ossen
- 15 varkens
-   3 kamelen
-   2 paarden
- 189 kippen (ja, in het dorp wonen
       bijna tweemaal zoveel kippen
       als mensen!)

In het werelddorp is geen gebrek
aan voedsel. Als alles gelijk zou
worden verdeeld, had iedereen
genoeg te eten. Maar er wordt niet
eerlijk gedeeld. Dus is niet iedereen
goed doorvoed:

- 50 mensen bezitten geen
       betrouwbare voedingsbron en
       hebben daarom soms of altijd
       honger.
- 20 anderen zijn ernstig
       ondervoed.

Slechts 30 mensen hebben altijd
genoeg te eten.

Lucht en water

In het grootste deel van het dorp is de lucht gezond en het water schoon. Maar niet alle dorpelingen boffen zo. Bij sommigen zijn de lucht en het water zo sterk vervuild, dat ze grote kans lopen ziek te worden. Of er is maar heel weinig water voorhanden. In plaats van gewoon de kraan open te draaien, moeten sommige dorpelingen heel ver lopen om bij schoon water te komen.

Frisse lucht en schoon drinkwater zijn eerste levensbehoeften. Hoeveel mensen in ons dorp van 100 inwoners ademen schone lucht in en hebben een goede drinkwaterbron in de buurt?

75 mensen hebben toegang tot een veilige waterbron - in huis of daar vlakbij. De andere 25 hebben dit niet en zijn daarom een groot deel van de dag bezig met het halen van water. Dit is meestal het werk van vrouwen en meisjes.

60 inwoners kunnen zorgen voor goede hygiëne, omdat ze zijn aangesloten op het riool - privé of gemeenschappelijk; 40 mensen moeten het zonder riolering stellen.

68 dorpelingen ademen schone lucht in; 32 van hen vervuilde (en dus ongezonde) lucht.

Onderwijs en lezen & schrijven

Een bel roept de jongeren van het dorp naar school. Maar voor sommige kinderen ís er helemaal geen schoolgebouw, of ze moeten werken om te zorgen dat er thuis genoeg te eten is.

Hoeveel inwoners van ons dorp van 100 gaan naar school?

Er zijn 38 leerplichtige dorpelingen (in de leeftijd van 5 tot 24 jaar), maar slechts 31 daarvan gaan ook naar school. Voor deze leerlingen is er 1 leraar.

Niet iedereen in het werelddorp wordt aangemoedigd te leren lezen, schrijven en nadenken. Van de 88 inwoners die er oud genoeg voor zijn, kunnen er 71 op zijn minst een beetje lezen, maar 17 helemaal niet. Het zijn vaker jongens dan meisjes die mogen leren lezen.

Geld en bezit

In het ene deel van het dorp koopt iemand een gloednieuwe auto. In een ander deel repareert een man een fiets - het waardevolste bezit van zijn gezin.

Hoe rijk zijn de mensen van het werelddorp?

Als al het geld in het dorp gelijk zou worden verdeeld, had iedereen ongeveer € 5000 per jaar. Maar in het werelddorp wordt het geld niet eerlijk gedeeld.

De 20 rijkste mensen verdienen elk meer dan € 7500 per jaar.

De 20 armsten verdienen elk minder dan een euro per dag.

De andere 60 zitten daar ergens tussenin.

Het gemiddelde bedrag dat je in ons dorp kwijt bent aan eten, onderdak en andere levensbehoeften ligt tussen de € 3500 en € 4500 per jaar. Maar veel mensen kunnen zelfs deze basisbehoeften niet betalen.

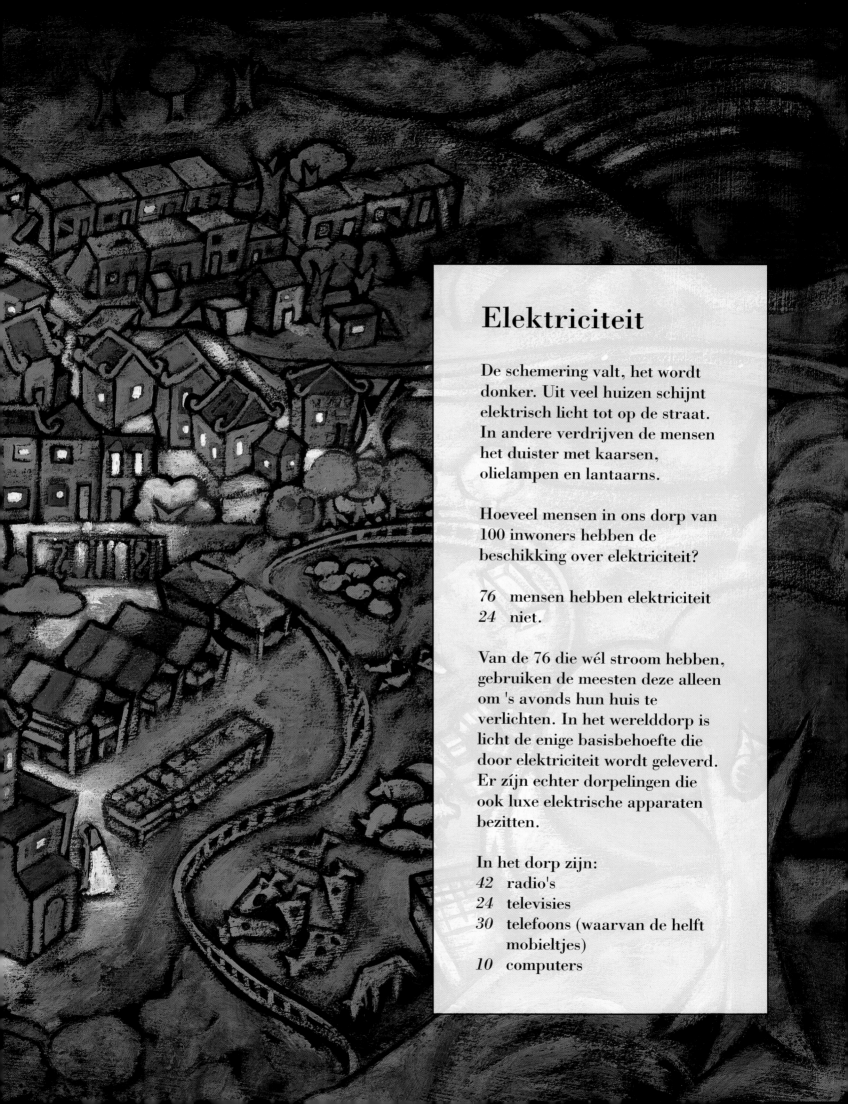

Elektriciteit

De schemering valt, het wordt donker. Uit veel huizen schijnt elektrisch licht tot op de straat. In andere verdrijven de mensen het duister met kaarsen, olielampen en lantaarns.

Hoeveel mensen in ons dorp van 100 inwoners hebben de beschikking over elektriciteit?

76 mensen hebben elektriciteit
24 niet.

Van de 76 die wél stroom hebben, gebruiken de meesten deze alleen om 's avonds hun huis te verlichten. In het werelddorp is licht de enige basisbehoefte die door elektriciteit wordt geleverd. Er zíjn echter dorpelingen die ook luxe elektrische apparaten bezitten.

In het dorp zijn:
42 radio's
24 televisies
30 telefoons (waarvan de helft mobieltjes)
10 computers

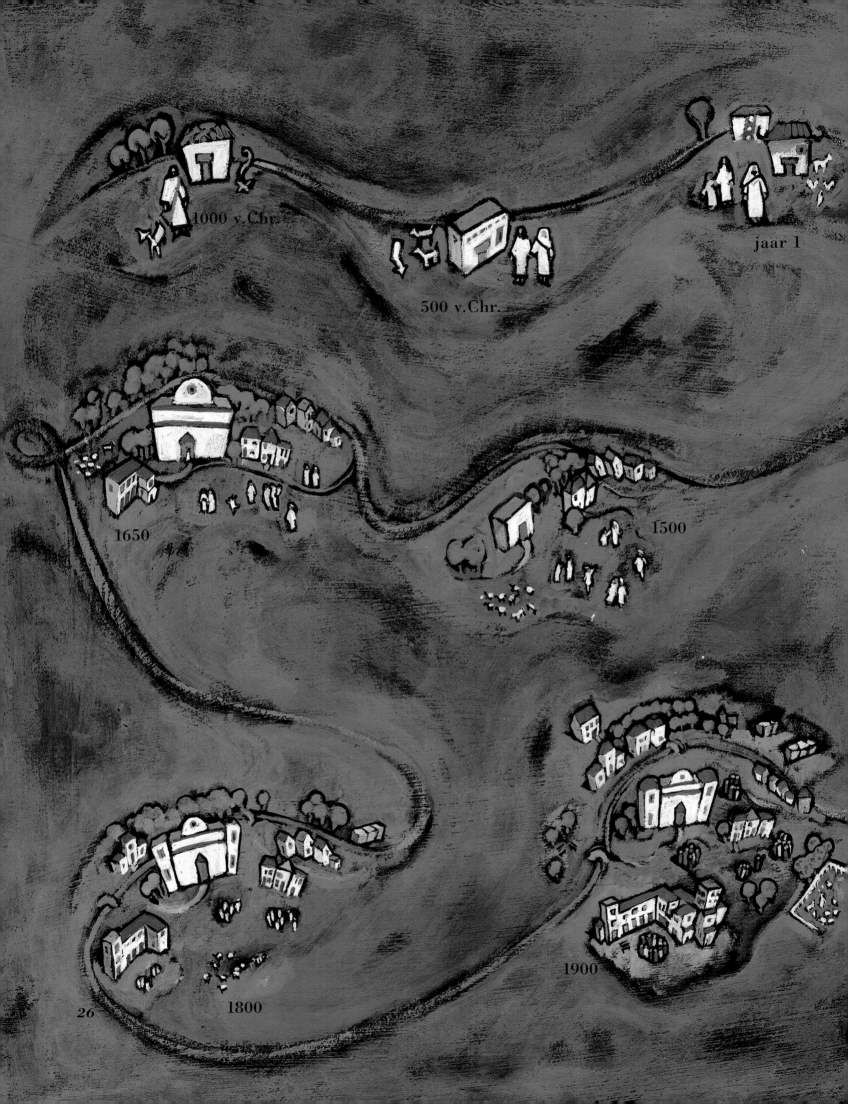

1000 v. Chr.

500 v. Chr.

jaar 1

1650

1500

26

1800

1900

1000

2002

Het dorp vroeger

Vandaag de dag wonen er 100 mensen in ons werelddorp. Maar hoeveel waren dat er vroeger?

In 3000 jaar tijd is de bevolking van het werelddorp wel vijfmaal verdubbeld: van 1 naar 2, naar 4, naar 8, naar 16, naar 32.

Rond 1000 v.Chr. woonde er maar 1 persoon in het dorp.

In 500 v.Chr. woonden er 2 mensen in het dorp.

In het jaar 1 woonden er 3 mensen in het dorp.

In 1000 woonden er 5 mensen in het dorp.

In 1500 woonden er 8 mensen in het dorp.

In 1660 woonden er 10 mensen in het dorp.

In 1800 woonden er 16 mensen in het dorp.

In 1910 woonden er 32 mensen in het dorp.

In 2004 woonden er 100 mensen in het dorp.

Het dorp straks

Hoe ziet het dorp er in de toekomst uit? Hoe snel groeit het? Hoeveel mensen wonen er dan?

Tegenwoordig groeit ons dorp van 100 inwoners met een snelheid van iets minder dan 2 mensen per jaar - om precies te zijn: het jaarlijks groeitempo bedraagt 1,6 procent. Als er in het jaar 2004 100 mensen wonen, zullen dat er in 2005 dus alweer bijna 102 zijn.

Rond het jaar 2100 of eerder zullen er 250 mensen in het dorp wonen. Dit is een belangrijk getal, omdat het volgens veel deskundigen het maximum aantal inwoners is dat het dorp aankan.
En zelfs dan zal er waarschijnlijk al een enorm tekort aan voedsel, onderdak en andere hulpbronnen zijn.

Gelukkig doen organisaties als de Verenigde Naties en sommige regeringen en particuliere instellingen hun best om ervoor te zorgen dat het dorp van de toekomst een goede plek wordt voor ieder die er woont. Zij streven naar een werelddorp waarin eten, onderdak en andere levensbehoeften een basisrecht is voor iedereen.

Kinderen leren over het werelddorp

Dit boek draait om het begrip 'wereldbewustzijn' - een manier van leven, en het besef dat de planeet waarop wij leven in feite slechts een kostbaar dorp is dat wij delen met onze medemensen. Weten wie onze naasten zijn, waar zij wonen en hoe, kan ons helpen in vrede samen te leven.

Hoe kweekt u als ouder of leraar of groepsleider dit wereldbewustzijn aan? Mijn ervaring voor de klas en met workshops voor kinderen overal ter wereld, heeft mij een aantal zaken geleerd. Hieronder volgen wat richtlijnen en voorbeelden van activiteiten die u zou kunnen uitproberen.

• Zorg dat kinderen de wereldkaart in hun hoofd hebben. Een goed begrip van hoe de wereld eruitziet, werkt als fundament bij discussies met en over mensen met een andere godsdienst, land van herkomst of cultuur. Hang een actuele wereldkaart op een opvallende plek aan de muur en wijs hier steeds op bij het bespreken van het nieuws, reizen van vrienden en familieleden, gelezen boeken, enzovoorts. Zorg tevens voor een atlas met een goede index, zodat u gemakkelijk alles kunt opzoeken en de wereld kunt verkennen.

Doe topografiespelletjes in de auto, onder het eten, voor de klas - oftewel, telkens wanneer u wat tijd te doden heeft. Zoals 'En dan?': iemand noemt twee aangrenzende landen, provincies of staten, de anderen proberen te bedenken wat de volgende is. Bijvoorbeeld: na 'Nederland, België' komt 'Frankrijk', na 'India, Nepal' komt 'China', na 'Liberia, Ivoorkust' komt 'Ghana'. Of 'Hoofdstad/land': iemand noemt een land of hoofdstad, de andere spelers de ontbrekende naam. Bijvoorbeeld: bij 'Litouwen' hoort de hoofdstad 'Vilnius'; bij 'Astana' het land 'Kazachstan'. Bij 'Bijzonderheden' noemt iemand een land, de medespelers bedenken daar dan allerlei details bij. Zoals: 'Italië': 'de hoofdstad is Rome'; 'de landstaal is het Italiaans'; 'het grenst aan Frankrijk, Zwitserland, Oostenrijk en Slovenië'; 'ten oosten ligt de Adriatische Zee, ten westen de Tyrrheense, ten zuiden de Ionische en de Middellandse'; 'de landen San Marino en

Vaticaanstad worden er geheel door omsloten'.

Het allerbelangrijkste is echter dat u constant vragen stelt: waar is dat eigenlijk, waar wonen die, welke taal spreken ze daar, omschrijf eens hoe het daar is.

• Koppel leren aan doen. Kennis van de wereldkaart is een noodzakelijke eerste stap, maar het is tevens essentieel dat kinderen iets ondernemen met iemand uit een ander land of cultuur. Dit kan persoonlijk of op afstand, via gewone post, e-mail, internet of de telefoon. Veel websites zijn puur met dit doel voor ogen gebouwd. U vindt ze via een zoekmachine. Of surf naar onze (Engelstalige) website over het werelddorp (**www.mapping.com/gv**) voor gegevens en (Engelstalige) links. Nederlandstalige sites zijn bijvoorbeeld **www.wereldburgers.nl**, **www.cossen.nl**, **www.voetafdruk.be** en **www.vodo.be**.

Ook netwerken biedt mogelijkheden. Doe bijvoorbeeld het 'Zesstappenspel': laat een kind iemand in bijvoorbeeld Israël een brief schrijven, die moet worden verstuurd via iemand die in dat land weer iemand kent. Lukt het om de brief via slechts zes personen op de plaats van bestemming te krijgen? Laat de geadresseerde in zijn antwoord vertellen hoe de brief hem/haar precies heeft bereikt.

U kunt ook zorgen voor uitwisseling tussen de school van uw kind en een vergelijkbare school in een ander land, bijvoorbeeld via het Europese Comeniusproject. En als uw gemeente een stedenband heeft, kunt u hierover bij het gemeentehuis informatie halen en schrijven naar iemand in de betreffende stad.

• Help kinderen leren bepalen wat ze nog niet weten. Denk bij het bestuderen van de wereld en zijn bewoners in termen van mógelijke antwoorden, niet enkel juiste. En bedenk ook eens open vragen, waarop niet meteen een antwoord bestaat. Discussiëren over dit soort kwesties is een prima manier om kinderen te leren denken als wereldburgers.

Hier volgen een paar voorbeelden om u op weg te helpen:

- Als er werkelijk genoeg voedsel op aarde is, waarom lijden er dan nog steeds mensen honger?

- Wat is een land? En waarom willen er zoveel zelfstandig worden?

- Waarom willen veel mensen ergens anders wonen? Waar trekken mensen weg en waar gaan ze dan naartoe?

- Welke regeringsvorm hebben de verschillende landen? Waarom zijn er zoveel verschillende vormen? Wat zijn de voor- en nadelen van elke regeringsvorm? Specifieke informatie hierover is via diverse bronnen te verkrijgen; een aantal ervan vindt u op pagina 32.

- Hoe zouden we het groeitempo van de wereldbevolking kunnen vertragen?

• Bevorder wereldbewust denken: zorg voor je naaste; schaad het vertrouwen van iemand uit je omgeving niet; als wereldburger stel je je vooral dienstbaar op; ergens bij horen is goed.

Hierbij geen geheime formules of speciale activiteiten, maar slechts één stelregel: als wij het goed voordoen, volgen onze kinderen het voorbeeld vanzelf.

• Stimuleer enthousiasme. Doe alles wat nodig is om kinderen bij hun wereld te betrekken, hun passies te leren ontdekken en hierop voort te bouwen, erover en ervan te leren. Over dertig jaar zijn de kinderen van vandaag immers degenen die de wereldproblemen moeten oplossen. Wij mogen ons gelukkig prijzen wanneer deze kinderen opgroeien in een gezin of klas, waarin hen een passie voor reizen, natuur, cultuur, onderzoek en studie wordt aangeleerd.

Kinderen leren door dingen te zien. Wat is uw passie?

En hoe kunt u kinderen betrekken bij datgene waar ú zich sterk voor maakt? Toon uw liefde voor topografie en reizen, uw belangstelling voor nieuws uit andere delen van de wereld, uw nieuwsgierigheid naar andere volken, culturen en talen. Uw kinderen zullen uw enthousiasme misschien niet meteen delen, maar leren wel wat het betekent om ergens om te geven. En als een kind een meer dan gewone belangstelling voor iets toont, help hem dan deze passie te ontwikkelen.

Enerzijds lijkt de droom van één wereld tegenwoordig bereikbaarder dan ooit, dankzij mogelijkheden voor wereldomvattende connecties als e-mail en televisie. Anderzijds lijkt het moeilijker dan ooit om deze droom te verwezenlijken - zeker gezien het feit, dat deze voorziet in behoorlijke voeding en onderdak voor iedereen, wereldwijde geletterdheid, uitbanning van alle ongezonde watervoorraden en verschaffing van voldoende, veilige en betaalbare energie. Deze doelen kunnen enkel worden bereikt als we een manier vinden om de wereldbevolking te stabiliseren. 16 Juni 1999 was 'de dag van zes miljard'. We groeien nog steeds met 100 miljoen mensen per jaar.

Een goed begrip van onze planeet en de mensen die erop wonen - waar, waarom en hoe - is een uitstekend uitgangspunt. Feiten alleen zijn echter niet genoeg. We moeten onze wereld op een waarheidsgetrouwe manier bezien: werkelijk wereldgezind worden en deze levenshouding doorgeven aan onze kinderen.

David J. Smith

(Nederlandstalige sites aangevuld door Biblion Uitgeverij)

Noot over bronnen en berekeningen

Als er op aarde 6,2 miljard mensen wonen, dan staat elke bewoner van ons werelddorp dus voor 62 miljoen mensen. Als er in ons dorp een half iemand dreigde te komen, is er afgerond naar het dichtstbijzijnde hele getal.

Diverse boeken en bronnen zijn geraadpleegd bij het verzamelen van gegevens over de mensen van ons werelddorp. Daarbij verrasten de statistieken vaak, maar ook het feit dat de bronnen het niet altijd met elkaar eens waren. Hoewel ze bij de meeste in dit boek gebruikte statistische gegevens overeenkwamen, was er enige variatie van jaar tot jaar en van bron tot bron. De meest opmerkelijke verschillen werden aangetroffen bij de toekomstvoorspellingen over de bevolkingsaanwas, maar er was tevens sprake van onenigheid over voedselvoorraden, onderwijs, schone lucht en water.

Zo mogelijk zijn de meest recente cijfers gebruikt; indien nodig zijn gemiddelden of afgeleiden uit verwante gegevens berekend.

Tot de gebruikte bronnen behoren de volgende jaarrapporten en -publicaties:

Report WP/91 to WP/98, *World Population Profile: 1991 to 1998*. U.S. Census Bureau. Washington, D.C.: U.S. Government Printing Office, 1991-1998 (**www.census.gov/ipc**).

State of the World: A Worldwatch Institute Report on Progress toward a Sustainable Society. Linda Starke, ed. New York: W.W. Norton & Co., 1994-2001 (**www.worldwatch.org**).

The Central Intelligence Agency World Factbook. Washington, D.C.: Government Printing Office, 1992-2001 (**www.odci.gov/cia/publications/factbook**).

The information Please Almanac. Otto Johnson, ed. Boston: Houghton Mifflin, 1996-1998 (**www.infoplease.com**)

The New York Times Almanac. John W. Wright, ed. New York: Penguin Putnam, 1997-2001.

The State of the World's Children. Carol Bellamy, ed. New York: United Nations Publications, 1996-2000 (**www.unicef.org**).

The Time Almanac. Borgna Brunner, ed. Boston: Information Please LLC. 1999-2001.

The United Nations Human Development Report. United Nations Development Programme. New York: United Nations Publications, 1992-1998 (**www.un.org**).

The Universal Almanac. John W. Wright, ed. New York: Andrews & McMeel, 1992-1996.

The World Almanac and Book of Facts. Robert Famighetti, ed. New Jersey: World Almanac Books, 1996-2001.

The World Development Report. World Bank. New York: Oxford University Press, 1992-2001 (**www.worldbank.org**).

World Resources: A Report by the World Resources Institute in collaboration with the United Nations Environment Programme and the United Nations Development Programme. New York: Oxford University Press, 1992-1993 to 1998-1999 (**www.wri.org**).

Vital Signs, The Environmental Trends That Are Shaping Our Future. Worldwatch Institute. Linda Starke, ed. New York: W.W. Norton & Co., 1992-1998 (**www.worldwatch.org**).

Tevens heb ik veel gegevens gebruikt van de Wereldlandbouw- en Voedselraad (FAO) en andere VN-instellingen, gevonden via de website van de Verenigde Naties (**www.un.org**) en die van het U.S. Census Bureau (**www.census.gov**).

De volgende boeken en atlassen hebben eveneens gegevens verschaft:

The Economist Pocket World in Figures. The Economist. London: Profile Books, 1996.

The Economist World Atlas. The Economist. London: Profile Books, 1996.

Goode's World Atlas. Edward B. Espenshade, Jr., ed. Chicago: Rand McNally, 1998. (Deze atlas is bijzonder nuttig door zijn mooie thematische kaarten)

Kurian, George T. *The New Book of World Rankings*. Chicago: Fitzroy Dearborn Publishers. 1994, p. 32.

McEved, Colin, and Richard Jones. *The Atlas of World Population History*. New York: Penguin Books, 1978.

The National Geographic Atlas of the World. Washington D.C.: National Geographic Society, 1995.

The National Geographic Satellite Atlas of the World. Washington D.C.: National Geographic Society, 1998.